Flor y Ser

Elijo Ser Feliz

Vanessa Jiménez

Flor y Ser
© Vanessa Jiménez, 2020

www.madresemprendedoras.net

A Marcelo, Andrés y Paula, quienes día a día hacen
florecer lo mejor de mí.
A mi familia, que dejó hermosas raíces en mi vida.
A mi querido Oasis literario y su ramillete de flores.
A todas las mujeres que las espinas de la vida las
han impulsado a reinventarse.
A quienes han elegido ayudar a florecer a muchas
mujeres comprando este libro.

ÍNDICE

CAPÍTULO 1: EL SOBRE

Llegó al mediodía en un sobre por el cual María Eugenia tuvo que estampar su firma. Miró el paquete con el rechazo anticipado de saber lo que estaba recibiendo. Lo dejó en la mesa del pasillo, con la efímera ilusión de que el paso del tiempo cambiaría el contenido en su interior.

Al ver su rostro en el espejo del *hall* de entrada, redondo, sin bordes ni ribetes, notó un par de lágrimas que comenzaban a aflorar. Detuvo ese síntoma de dolor con un seco movimiento de las palmas de sus manos. Decidida a terminar de preparar el almuerzo, caminó hacia la cocina.

Cocinar era un acto de desprendimiento o por lo menos así lo sentía María Eugenia. Siempre pensando en deleitar los paladares ajenos, el suyo lo había anestesiado hacía tiempo. No era digna del calificativo *master chef* por sus comidas creativas, pero le gratificaba el toque de cariño gastronómico que dedicaba a cada pequeño comensal: el tomate sin semillas para Amalia; las papas doradas con kétchup para Alejandro y el pollo bien picado para Miguel Ángel. Esa era la forma que tenía de expresar su afecto; así lo aprendió de su madre.

El flashback apareció de inmediato.

La señora María Fernanda y sus cenas refinadas. Secuencias de platos que con bombos y platillos gritaban al mundo «hago cualquier cosa por mi familia» aunque solo fuera para las fotos de las páginas sociales como el antiguo Facebook, donde aparecían ostentosas las madres perfectas con sus familias y casas perfectas.

De pequeña siempre estuvo acompañando a su madre en todas las actividades domésticas. Pero, sin duda, lo que más disfrutaba era ir con ella a las clases de cocina. En un año podían recorrer hasta dos continentes con motivos culinarios. Pad Thai, gazpacho, pollo barbecue... Delicias del mundo que le permitían viajar a través de los sabores.

María Fernanda se esforzaba para que aquellos toques de especias aparecieran fieles a la receta aprendida cuando, en la intimidad de su cocina, los reproducía para agasajar a su marido. Dedicando todo su tiempo a las labores domésticas, no había nada más gratificante para aquella mujer que escuchar el halago del hombre de la casa. Para qué decir cómo su rostro rebosaba de orgullo cuando Patricio dejaba de lado todos los protocolos porque no se resistía a untar el pan en la salsa que quedaba en el plato.

María Eugenia sentía que la cocina no era su fuerte, aunque todos decían que tenía buena mano. Sus preparaciones distaban bastante de los festines de su madre. Usualmente, las frutas eran el cierre de sus comidas. Pero no dudaba en poner lo mejor de sí para conseguir el reconocimiento de su marido, aunque, la mayoría de las veces, lo mejor que conseguía era no ser criticada.

Con el almuerzo ya listo, se sentó en su antejardín a tomar un té, esperando con ansias que aparecieran frente a la reja las caritas de sus tres hijos. Cualquier cosa que la mantuviera ocupada para no abrir el sobre le servía. Sin embargo, sus pensamientos buceaban en la encomienda sin su permiso y el nudo en la garganta justificaba el cambio que se avecinaba.

El claxon del furgón escolar la sacó del ensimismamiento y dos niños se acercaron a su encuentro. Amalia fue la primera en bajar y la última en avanzar, cual gallina preocupada de sus pequeños pollos. Sus dotes maternales salían a relucir cuando se empoderaba como hermana mayor, lo que odiaba Alejandro, que había dedicado sus diez años de vida a oponerse a esa actitud mandona.

Miguel Ángel, sin haber cumplido la edad para ir al colegio, llegó de la mano de Cecy, quien, con la dulzura de haberlo visto nacer, le dejó correr hacia la casa siguiendo con la mirada cada uno de sus pasos. Se adelantó a sus hermanos mayores mientras intentaba contar lo que había hecho en el jardín, relato del cual solo su madre entendía la totalidad.

El almuerzo fue bullicioso pero cargado de energía, esa que María Eugenia necesitaba más que nunca. De las tres hermosas razones que peleaban por el trozo más grande de *kuchen* de manzana sacaría la motivación que necesitaba.

Tras dar las indicaciones a sus hijos para que realizaran las tareas escolares, fue a buscar el sobre. El temblor de sus manos delataba la guerra que interiormente lidiaban su pena, rabia y miedo. Aunque el contenido no le generó asombro. Era la notificación del divorcio.

Ya escuchaba los comentarios lastimeros de sus amigas: «¿Qué vas a hacer ahora, sola, con tres hijos y sin nadie que te mantenga?».

Podía sentir las miradas recriminadoras de su familia, donde todos están juntos, pase lo que pase, hasta que la muerte los separe.

La situación dictaminaba que una mujer en su lugar debía llorar, deprimirse, gritar. Lejos de eso, María Eugenia esbozó una sonrisa. Era el momento de dar un vuelco en su vida. Ya no tenía carcelero que la mantuviera prisionera. Había llegado el momento de que conocieran a la verdadera María Eugenia.

CAPÍTULO 2: LAS CRISIS

Recogía los juguetes que los niños habían dejado tirados en el piso cuando comenzó a sentir la opresión en el pecho. Juntó las manos sobre su boca haciendo una pequeña cueva. La respiración sonaba con fuerza. Buscó en su desesperación un lugar para sentarse y no caer. «Respira profundo, no te vas a morir, ya va a pasar», se repetía una y otra vez María Eugenia.

Seis meses llevaba encerrada en su casa, al margen de toda actividad social. Recordó la primera crisis.

Iba manejando por la autopista. Regresaba de la playa con los niños. Como solía ocurrir, Tomás tenía exceso de trabajo y no podía acompañarlos. «Con tantos gastos, alguien tiene que trabajar en esta casa», decía. A la entrada del túnel sintió una especie de mareo y entumecimiento en los brazos, como un calambre que irradiaba por su cuerpo. Se alarmó y bajó la velocidad. La sensación de ahogo y el dolor en el pecho le hicieron centrar la atención en lo que le estaba sucediendo. No lograba respirar. Sentía como si alguien le estuviera tapando con fuerza la boca y la nariz. Miró por el retrovisor imaginando que era una pésima broma de sus hijos. Solo vio a tres niños durmiendo en el asiento trasero. Intentaba hablar, pedir ayuda, pero no salían palabras de sí. El sudor le mojó toda la ropa, no podía más, sentía que se iba a morir. Sin ningún tipo de precaución, aparcó. Como loca, poseída, tratando de escapar de sus demonios, bajó del auto. Los vehículos pasaban a su lado tirando una corriente de viento y haciendo reventar su cabeza con pitazos de claxon.

Una y otra vez se repitieron las crisis. Había consultado a todos los especialistas, quienes confirmaban que su corazón estaba bien, no tenía problemas inmunes, tampoco había un tumor en su cabeza, ni siquiera algún desajuste hormonal. Todos coincidían en que era un tema de salud mental y la derivaban a psiquiatría.

Se negó a esa opción lo más que pudo. Siempre creyó que la ropa sucia se lava en casa, como le decía su abuela. Acudir a otra persona que le ayudara a resolver sus problemas era una clara señal de debilidad. Pero su angustia ya no le daba permiso ni para ir a buscar a los niños al colegio.

Pidió hora a un psiquiatra conocido de una amiga. Para su sorpresa, la mayoría de sus amigas, si no estaban en tratamiento, tenían referencias de psiquiatras para las distintas eventualidades: uno de SOS para desahogo, para buscar ayuda cuando no sabían cómo enfrentar alguna situación difícil, el que le daba las licencias por depresión cuando querían descansar del trabajo y, por supuesto, el psiquiatra de cabecera, ese que le sabía hasta el más turbio de sus conflictos y aun así siempre les acompañaba cada vez que lo necesitaran.

La primera sesión con Arturo no derribó sus aprehensiones sobre los loqueros. Pero se sentía tan mal que se entregó al primer hombre que, con calidez, era capaz de entender lo que le pasaba. El diagnóstico no se hizo esperar: «Crisis de pánico, un trastorno procedente de la línea de los trastornos de ansiedad», le explicó. Mientras el doctor le describía los síntomas, María Eugenia solo asentía en señal de reconocimiento. Era como si hubiese estado en su cuerpo durante las crisis.

Desde ese momento, lo mejor que podía hacer por sí misma era ir todos los martes a las once a la consulta de Arturo, y así lo hizo. No por convencimiento, más bien por no tener otra alternativa a la mano que la sacara de su encierro aunque eso significara exponerse al reproche semanal de Tomás cada vez que ella le pedía el dinero para su terapia.

Su marido no desaprovechaba esa oportunidad para decirle que era una mujer débil, «malgastas el dinero de la familia», «no trabajo de sol a sol para pagar tus locuras», «deberías aprender de mí y resolver sola tus problemas». Una serie de devastadoras frases emocionales que debía escuchar antes que de mala gana pusiera los billetes en su mano.

Estaba a punto de flaquear, gritar, salir corriendo. Siguió respirando.

Sintió cómo se iba calmando. Siguió respirando.

La tensión de su cuerpo comenzó a ceder en el mullido sofá rojo. Siguió respirando.

No podía creerlo, la angustia bajaba. Siguió respirando.

Entre autitos y bloques de legos tirados por el piso, María Eugenia se dio cuenta de que podía dominar sus miedos.

Capítulo 3: La boda

¿Qué pasó? ¿En qué momento cambió todo? ¿Cuándo se quebró la relación?

Eran las preguntas que día tras día atormentaban a María Eugenia. A veces, esos cuestionamientos llegaban en un tono melancólico, casi desesperanzador. Otras veces, las dudas aparecían con total rudeza, sumergiéndola en un espiral de pensamientos autoflagelantes.

Intentaba encontrar en el humeante café que tenía entre sus manos la razón por la cual Tomás le había sido infiel. «Quizás se repitió la historia que tantas otras parejas viven en silencio», se decía, intentando sentir que no era la única incapaz de salvar su matrimonio.

Desde hacía años sentía que con Tomás no serían «felices hasta que la muerte los separe». Palabras hirientes, frases no dichas y miradas contenidas de rabia fueron deteriorando la relación.

Pero no siempre fue así o, por lo menos, así lo quería recordar.

Conoció a Tomás a los quince años. Ella iba a un colegio de mujeres; él, a uno de hombres, de esos que solo se mezclan con el sexo opuesto en contadas ocasiones como aniversarios y kermés. Pero siempre con mucha supervisión: «Juntos, pero no revueltos», como les decía sor Renata mirándolos por encima de sus lentes.

Fue en una de esas fiestas donde sus casi dos metros de altura morena le cautivaron de inmediato. Eso y la musculatura fortalecida por hacer todo deporte cuanto podía. Cuando la relación se hizo más íntima, María Eugenia supo que, con tanto ejercicio, solo buscaba matar sus fantasmas de niño obeso, víctima de bulling. La batalla contra los kilos era herencia de su línea materna.

Estuvieron de novios los años que le faltaban para terminar el colegio y el tiempo que duró su carrera de Ingeniería. Contrario a las relaciones adolescentes, María Eugenia gustaba de ese romance tranquilo. Ella nunca fue el alma de la fiesta y le gustaba saber que Tomás, preocupado por su rendimiento atlético, optaba por descansar en lugar de salir por las noches.

La petición de matrimonio no se hizo esperar. Era el paso lógico, llevaban años de novios, Tomás ya se había consolidado en una importante multinacional y su familia lo adoraba.

En una cena familiar donde celebraban su vigesimocuarto cumpleaños, María Eugenia recibió una cajita de regalo que, ya antes de abrirla, podía leer impreso en el terciopelo azul el nombre de una joyería exclusiva. El «sí, quiero ser tu esposa» salió con la misma espontaneidad que el abrazo que le dio a su futuro marido. Tener ese anillo le daba una sensación de tranquilidad y estabilidad sin igual.

Su sueño de formar una gran familia se empezaba a consolidar.

La fiesta de matrimonio fue idílica. Tomás le concedió todos sus deseos, ya fuera para que ella tuviera la boda que siempre imaginó o bien para evitar involucrarse en el proceso. Los padres de los novios no escatimaron en ayuda económica ni en invitados, quienes llenaron de antiguos compromisos el salón del hotel.

«Estuvo increíble», «maravillosa fiesta», «todo exquisito» fueron los comentarios que recibió de sus amigos, quienes le relataron con lujo de detalle lo nervioso que estaba Tomás y cómo Magdalena había logrado calmarlo. «Le debes tu matrimonio a la dama de honor, fue ella quien evitó que el novio saliera arrancando», le decían entre bromas.

Sin duda, lo mejor fue el viaje de luna de miel. Estar lejos de la familia y responsabilidades a los dos les sentaba bien. Perder el control mientras exploraban lugares desconocidos les permitía vivir su sexualidad con total plenitud en espacios sagrados para cultivar la relación de pareja, donde Tomás le expresaba todo su afecto sin las corazas que aparecían detrás de su atuendo con corbata.

Tomó el último sorbo de su café. Cual gitana que adivina la suerte, miró el fondo de su taza.

Siempre lo hacía aunque no supiera cómo interpretar esa borra oscura. Pero ese día el café le hablaba fuerte y claro, tenía que agradecer a Magdalena por su nuevo estado civil: divorciada.

CAPÍTULO 4: AMALIA

—¡Mamá, Miguel Ángel me sacó un control! —gritaba Alejandro.

—Déjalo jugar contigo un ratito —respondió María Eugenia mientras seguía guardando la ropa de los niños.

—¡Pero mamá, no me deja tranquilo!

—Migue, ¿si tu hermano te deja jugar un ratito le devuelves el control? Le habló a su hijo menor mientras frenaba su loca carrera por la sala de juegos.

El gesto de un sí con la cabeza de Miguel Ángel puso pausa a la discusión y comenzaron a jugar.

«El primero de tantos desafíos del día», se dijo.

Estar a cargo de tres niños y de la casa la asustaba. En ocasiones, se paralizaba de la angustia, pero intentaba refugiarse en esa sensación mezcla de pavor y euforia que le anticipaba un gran cambio en su vida.

Reconocía estas emociones premonitorias, pues fue cuando supo que estaba embarazada de Amalia que se sintió así por primera vez.

Llevaba siete meses casada y, aunque tener hijos no estaba en la planificación anual que Tomás había hecho para la familia, María Eugenia no dejó de albergar el deseo de convertirse en madre ni un solo día.

Había tenido una mañana ajetreada; cierre de mes en la banca y todos los analistas de cuentas debían quintuplicar sus esfuerzos para alcanzar las metas. Siempre había sido muy exigente consigo misma y no alcanzar los objetivos que se proponía era algo impensado para ella.

Le faltaban pocos clientes y, aunque tenía la certeza de con que un par de llamadas captaría esas nuevas cuentas, las metas bancarias no eran su prioridad ese día. Solo esperaba su hora de almuerzo para ir a ver al doctor. Llevaba algunos días que no podía dejar de tocar su vientre, con la agradable ilusión de que a través de ese gesto acariciaba a su hija.

—Parece que hicieron muy bien las tareas los tórtolos —dijo el doctor Camus, esbozando una mueca de picardía en su rostro—. Estas embarazada, Kenita —confirmó con la familiaridad que le daba ser el ginecólogo de todas las mujeres de la familia.

Su cuerpo inmóvil contrastaba con el torbellino de pensamientos y emociones. Era una sensación de desdoblamiento en la que, en fracciones de segundos, podía ver su pasado interactuando con su futuro en una batalla surrealista que cesó cuando se escuchó decir: «Hola,

Amalia», segura de que su voz traspasaba todas las capas de piel que les unían y separaban al mismo tiempo. Ese nombre investido de amor disipaba todos sus temores.

Treinta y dos semanas después la tuvo en sus brazos. La intensidad de su mirada desviaba cualquier aprehensión sobre la fragilidad de su condición de niña prematura. Amalia siempre estuvo alerta. Nacer antes de tiempo es el hito que mejor caracteriza a esta niña que se anticipaba a todo y todos, deseosa de ser la primera en lo que hace.

El llanto hambriento de la bebé la conectaba con la inseguridad. «Mi cuerpo no es capaz de alimentarla», pensaba. La voz maternal de la enfermera trataba de calmarla mientras le enseñaba las mejores técnicas para amamantar. No existía nada más que esa hermosa niña que dependía de ella, no podía defraudarla. Ni siquiera puso atención en Tomás, quien, recostado en el sillón destinado a los acompañantes, vociferaba que no quería que su hija recibiera relleno.

—Todos los niños que toman esas leches artificiales se convierten en obesos —enfatizó.

Quizás, como en todos los ámbitos de su vida, necesitó la presión para sacar lo mejor de sí o Amalia se tranquilizó solo con succionar su pecho, pero el llanto cesó. Su pequeña la miró y, desde ese momento, María Eugenia supo que no necesitaba palabras para comunicarse con ella. «Tranquila, mamá, vamos a estar bien», le transmitió. Con un suspiro de alivio se recostó para la primera siesta juntas.

Terminó de guardar los últimos calcetines en los cajones del clóset. Al levantar la mirada, la vio. Recostada en la pared de la puerta estaba Amalia, quien con la misma mirada le decía una vez más: «Tranquila, mamá, vamos a estar bien».

Salió de la habitación llevándose a su hija abrazada.

—Te amo —le dijo mientras besaba su cabeza.

Capítulo 5: Alejandro

Miraba a su hijo jugar *rugby* y, aunque no es un deporte que genere ternura, ver a Alejandro tan preocupado de su equipo despertaba su total amor de madre.

«Es un buen niño», se dijo.

Todavía no se explicaba cómo había tardado tanto tiempo para conocer a Alejandro, lograr verlo como realmente era.

¡Cuánto daño debió provocarle su rechazo! Ese que intentó disimular al máximo, aunque sabía que cada vez que Alejandro decía alguna frase despectiva copiada del padre, su mirada lo menos que expresaba era amor. Había proyectado en su hijo toda la rabia que le provocaba Tomás y estaba segura de que el niño lo había percibido.

—*Se llamará Alejandro —dijo Tomás cuando supo que su segundo hijo era hombre—. Como Alejandro Magno, tiene que ser un guerrero —recalcó con esa mi-*

rada de orgullo que María Eugenia solo le había visto cuando cerraba un gran negocio.

«Alejandro», pensó aliviada, ya temía que quisiera ponerle de nombre Gengis Kan, el seudónimo que su marido usaba para todos los espacios virtuales en los que participaba.

Probablemente, la voracidad era una característica de los grandes guerreros. Esa ansiedad por acabar con todo lo que tenía adelante se hizo notar desde la primera vez que Alejandro se prendió de sus pechos. Buscaba alimentarse con tal intensidad que ese mismo día le dejó los pezones rotos y ensangrentados. Amamantarlo se convirtió en una especie de tortura materna que pronto dejó de autoinfligirse para dar paso a la leche artificial.

La relación con su hijo del medio siempre fue difícil. La personalidad de Alejandro, demandante e impulsiva, chocaba con su incapacidad para satisfacerle. Por mucho que se esforzara, nada de lo que hacía lograba agradarle. Le dolía en todo su ser la distancia que les separaba.

Se culpaba por las palabras que el niño le escuchó decir, esas que nunca debieron salir de su boca. Pero era la envidia la que la martirizaba al ver que su marido, y no ella, generaba un encantamiento magnético que atraía al niño, con la misma fuerza que lo alejaba de ella. Tomás se convirtió en el ídolo y Alejandro, en su fan incondicional.

A los ojos del niño Tomás era el padre perfecto, digno de emular en todo, incluso repitiendo sus palabras denigratorias y los gestos despectivos que usaba al referirse a las mujeres, incluyendo a María Eugenia. Eran una dupla *inseparable y las féminas de la casa, el mejor de los blancos a sus agresiones. Su esposo no podía estar más contento con la labor que como padre había hecho aunque el resto del mundo no pensara lo mismo.*

En las noches todo era distinto. Alejandro, temeroso de la oscuridad y de aquellos fantasmas que salían cerca de la medianoche, buscaba refugio en la cama matrimonial. Hacía caso omiso de los regaños de su padre, que le tildaba de cobarde y poco hombre, para escabullirse a los brazos de María Eugenia. Era el espacio sagrado madre e hijo. Ese momento en que podía abrazarlo, cuidarlo, besarlo sin resistencias como si volviera a ser su bebé.

El costo de no poder dormir bien debido a las visitas diarias de Alejandro se reflejaba en su cansancio crónico, pero valía la pena. Por eso, a pesar de todas las discusiones que esta situación le generó con Tomás, no hizo el más mínimo esfuerzo por crearle el hábito al niño de que durmiera solo en su cama toda la noche.

—¡Bravo!, ¡bravo, Alejandro!, ¡eres lo máximo! —gritó cuando su hijo, como un gran líder, llevó a su equipo a anotar el *try* que les dio la victoria—. Ese es mi hijo —le dijo a un padre desconocido que estaba sentado a su lado en la banca mientras tiraba besos con la mano a un niño que le devolvía alegre el saludo.

CAPÍTULO 6: MIGUEL ÁNGEL

—Bien hecho, Migue— le dijo María Eugenia a su hijo menor acariciando sus rizos castaños luego de verle colocar la última pieza del puzle de autos.

Armar rompecabezas se había convertido en un placer compartido, mezcla de entretención con reforzamiento. La ternura le colmaba al mirar los avances que Miguel Ángel había logrado en estos últimos dos años. Y aunque quedaban vestigios de algunas dificultades, no reflejaban ni un ápice el lapidario diagnóstico que le hicieron en el jardín infantil.

—Mamita, le sugiero que lleve a Miguel Ángel al neurólogo. Parece que el niño es autista —le dijo la educadora de párvulos—. Tiene que ser muy fuerte para poder ayudarlo —agregó, mostrándose tan empática como su experiencia de joven profesional sin hijos le permitía.

Tener una familia numerosa había sido su sueño desde niña. Buscaba revertir la soledad de ser la hija única de las segundas nupcias de sus padres. Cuando nació, sus hermanos mayores ya estaban en la universidad y reconocían en su padre al proveedor que les pagaba los estudios y satisfacía sus lujos. Los veía solo para el Día del Padre y el cumpleaños de su progenitor, por lo que más que un par de toques cariñosos en su cabeza como saludo no podía esperar de ellos.

Amigos imaginarios le ayudaron a no aburrirse durante su niñez acompañada de adultos. Recuerda que los sentaba a todos a tomar el té. Ver la mesa llena de personas conversando y riendo le hacía feliz aunque los amigos desaparecieran al retirar las tazas.

Soñaba con tener cuatro hijos, dos mujeres y dos hombres. Su deseo de no ver repetida la historia solitaria de su infancia la impulsaba a ver las probabilidades para que siempre sus futuros hijos estuvieran acompañados. Ya fuese que se juntaran las mujeres, los hombres, los mayores o los distintos, pero que siempre tuvieran a un hermano al lado.

Cada vez que hablaba este tema con Tomás, él siempre se encargaba de hacer las intervenciones lógicas que fundamentaban su postura en la vida. Dos hijos son suficientes. «Piénsalo —le decía—, la educación es muy cara. Pagar más de dos carreras universitarias es una locura. Además, todo está hecho para cuatro: matrimonio y dos hijos. Dos asientos traseros en el auto, mesa para cuatro en el restaurante, si vamos de viaje, las habitaciones del hotel tienen dos camas... Así es mucho más práctico».

Cuando nació Alejandro, su segundo hijo, parecía haberse logrado la meta de Tomás, dos hijos y, por lo menos, un hombre. Por ello, insistió en que regalara toda la ropa que al niño comenzaba a quedarle chica. María Eugenia guardó todo. Cajas llenas de ropa de bebé ordenadas por tallas; así las tendría listas para que las usara su tercer hijo.

Convencer a Tomás no era su objetivo. Sabía que no lograría que se involucrara en la experiencia paternal de un tercer hijo, por lo que escucharle decir: «Si quieres tener otro hijo, es tu problema, pero a mí no me pidas que me haga cargo de nada» fue suficiente para hacer crecer la familia.

Su embarazo fue maravilloso. Tomás se encargó de participar en cuanta actividad de los niños mayores pudo. Era su forma de demostrar que ya su proyección como padre estaba cumplida. Esto le permitió a ella disfrutar plenamente cada etapa del embarazo. Le hablaba sin parar a Miguel Ángel, contándole todo lo que estaba haciendo, como conductora de programa de cocina que va relatando los detalles de la receta que hace.

Sin duda, esto marcó la relación con su hijo menor. María Eugenia hablaba por ella y por el niño. No era necesario que Miguel Ángel se esforzara, había aprendido a detectar incluso aquello que su hijo podría desear.

Fue esa relación simbiótica la que quizás la cegó. Varias personas a su alrededor le habían hecho comentarios sobre las dificultades del niño. «¿No te parece que ya debería decir por lo menos mamá o papá?», «Es un poco raro que no te mire cuando le hablas», «¿Por qué siempre repite los movimientos una y otra vez?», comentarios que desestimaba.

Como madre, sabía que su niño era completamente normal. Más que normal, era un niño excepcional, con una capacidad fuera de serie para conectarse con realidades distintas. ¡Cuántas veces le habría gustado perderse en los mundos mágicos que Miguel Ángel construía!

—Mami, tengo hambre —fue el pedido que la sacó de su ensimismamiento.

Sin esperar respuesta, ya Miguel Ángel había comenzado a guardar las piezas del rompecabezas. Luego se paró al lado de María Eugenia esperando que satisficiera su necesidad como impidiendo que su madre escapara a hacer otras tareas de la casa.

—Vamos, Migue, siéntate en tu mesita, que ya te traigo la comida.

—Plato de auto —pidió.

—Sí, en tu platitito de autos te sirvo —le contestó.

—Vaso de auto —recordó.

—Ya te llevo tu vaso de auto —le dijo mientras le echaba la comida en el plato.

Tranquilo luego de haber hecho el recordatorio a su madre, esperó que le trajeran su puré de papas con huevo.

CAPÍTULO 7: LA NANA

La pena en todo su cuerpo le anticipaba que despedir a Cecy era una situación difícil, pero sabía que era el paso necesario para poder continuar en este proceso de recuperación de su propia vida. Debía hacerlo. Con voz temblorosa y lágrimas que caían escurridizas por sus mejillas, fue hasta el comedor.

Cecy fue la nana de Tomás desde que nació. Una mujer robusta, con tez morena de unos sesenta años. Nunca tuvieron certeza de su verdadera edad. Sus padres, gente de campo, no la inscribieron en el Registro Civil sino hasta que nacieron sus otros hermanos, unos cuantos años después. Eran cinco hermanos que tenían uno o dos años de diferencia, pero figuraban en las estadísticas del Gobierno como quintillizos.

Había dedicado su vida a la familia Contador como gerente general de una casa que debía funcionar a la perfección, equilibrando la realización de las labores domésticas con el cuidado de los niños, en especial de Tomasito.

Para nadie era un secreto que desde que el niño nació se ganó su corazón.

María Eugenia sabía que Tomás quería a su nana tanto o más que a su madre. Por eso, cuando nació Amalia, Cecy era la persona indicada para que la ayudara con las labores domésticas y el cuidado de la bebé. En varias oportunidades escuchó a su esposo relatar cómo Cecy le salvó la vida, arriesgando incluso quedarse sin trabajo y sin lugar donde vivir.

Tomás tenía trece años y comenzó a dolerle muy fuerte el estómago. Cecy le dijo a la patrona, pero Beatriz pensó que era una excusa que estaba inventando su hijo para no ir al colegio. Le preparó una agüita de arroz con un poquito de azúcar, remedio casero aprendido de su abuelita para los dolores de estómago. Sin embargo, el dolor no cesó en todas las horas que estuvo en el colegio. Al regresar a la casa, solo de verlo Cecy supo que algo grave le pasaba y volvió a insistir para que lo ayudaran.

—Señora Beatriz, Tomasito, mi niño, se ve muy mal. Debería llevarlo al hospital.

—Tranquila, mujer —respondió sin inmutarse—. A ver si así aprende a no echarse a la boca todo lo que pilla.

Cecy no toleró esa respuesta y, aun corriendo el riesgo de quedarse sin trabajo por desobedecer a su patrona, llevó a Tomás al hospital más cercano.

—Peritonitis aguda, hay que subirlo de inmediato a pabellón —fue el diagnóstico realizado por el médico de urgencia.

Dos horas en el quirófano, miles de rezos y velas que Cecy puso a la virgencita, salvaron la vida de Tomás haciendo esta relación más estrecha aún, si eso era posible.

Durante los primeros años que Cecy estuvo apoyando a su familia, María Eugenia se preocupó por mantener una relación respetuosa, pero con marcada diferencia entre empleada y dueña de la casa. No podía evitar sentir celos por esta mujer. Era a la única a quien Tomás escuchaba.

Por su parte, la nana hacía patentes, a su forma, los celos ante la mujer que le había arrebatado a su Tomasito. Nunca le trató mal, siempre fue muy respetuosa. No obstante, se negaba a llamarle por su nombre, limitándose a un profesional «señora» cada vez que interactuaba con ella. Esta actitud realmente molestaba a María Eugenia.

Pero esa fría distancia se derritió el día que su marido decidió abandonar la casa. Imposible olvidar ese momento cuando Tomás comenzó a cargar sus maletas al auto y Cecy se paró a su lado. Como pilar protector de la arquitectura emocional de aquella familia que comenzaba a desmoronarse, abrazó a María Eugenia. Luego, con la mirada, se aseguró de decirle a su Tomasito que se estaba equivocando. Fue la mayor muestra de lealtad que recibió durante la separación y, haciendo memoria, en toda su vida.

Al llegar a la puerta del comedor, se encontró con el cariño de años reflejado en la cara de su nana. Cecy la esperaba sentada en la silla del comedor que solía ocupar Tomás. Tenía la mirada perdida en la cocina, como si estuviera rememorando su historia en la casa de la familia Contador.

—Señora —le dijo Cecy cuando notó su presencia—, yo entiendo que esto es lo mejor para usted y los niños. Por mí no tiene que preocuparse —dijo limpiándose las lágrimas con su pañuelo de tela bordado—. Usted sabe que la señora Beatriz me ha recomendado con todas sus amigas y ya tengo casi todos los días ocupados de tanto trabajo.

—No sé cómo expresarle mi gratitud y su apoyo incondicional este último año — respondió María Eugenia—. Siempre será bien recibida en esta casa y puede venir a ver a los niños cuando quiera —agregó sin ocultar que esta despedida le producía un dolor mayor que el adiós de Tomás.

—Muchas gracias, señora María Eugenia — dijo la nana sellando la despedida con un abrazo.

—Adiós, Cecy —le respondió.

Capítulo 8: La suegra

Eran las tres de la tarde y María Eugenia alistaba a Miguel Ángel para su terapia. Entre los gritos y manotazos de desesperación de su hijo, debía encontrar el autito rojo. Ese que tenía la rueda trasera suelta y rayaduras en varias partes. Sabía que sin el auto no existiría forma de calmar el llanto y lograr que saliera de la casa.

Escuchaba en su cabeza las voces de tantos terapeutas que habían atendido a Miguel Ángel diciéndole que ese auto era el objeto de apego del niño, el puente que le permitía conectar su realidad con la realidad. Pero, en ocasiones, no había palabras, consejos profesionales ni libros de autoayuda que le permitieran calmarse ella para así lograr calmar a su hijo.

Fue la voz de Beatriz quien le sacó de ese desesperante estado. Su suegra, como todos los miércoles luego de la separación, venía a buscar a Miguel Ángel para llevarlo al fonoaudiólogo.

—¿Cómo está mi niño? —dijo sentándose a su lado mientras se hacía un espacio en medio de los juguetes con su pierna y enviaba un saludo tranquilizador a María Eugenia.

—Parece que la abuela tiene en su cartera un autito que le gusta mucho a Miguel Ángel —continuaba hablando mientras contenía al niño haciendo ademanes de estar buscando algo en su bolso—. Aquí tengo muchos autitos rojos —dijo mientras sacaba tres pequeños juguetes de su cartera.

La tensión en el cuerpo del niño comenzó a ceder y, como por reflejo, también la de María Eugenia.

Beatriz se había convertido en una gran aliada no solo por ayudarle cuidando a los niños y llevándolos a las actividades extracurriculares. Además, era una excelente fiscalizadora, y velaba por que Tomás cubriera las necesidades de la familia. No toleraba que su hijo hubiese abandonado su hogar.

Las cualidades de esposa destacaban en Beatriz sobre sus otros roles: mujer, madre, amiga. Ese hecho, más allá de avergonzarle, le generaba orgullo: «Ser una buena esposa me permite estar donde estoy y disfrutar de todas estas comodidades», clamaba.

Su historia la había preparado para ello. Así como los artesanos enseñaban el oficio a sus hijos para que tuvieran una herramienta con la cual ganarse la vida, su madre le había dado en herencia el arte de ser una buena esposa con el mismo esmero con que todas las mujeres de la familia se preocupaban por traspasar de generación en generación esta pequeña mina de oro.

No bastaba con casarse, había que convertirse en la esposa de la que todos hablaran, el orgullo de ese hombre que tenían a su lado con la sutileza que significa brillar sin opacar al marido.

Beatriz comenzó su entrenamiento desde muy pequeña aprendiendo las reglas de protocolo y a organizar eventos deslumbrantes. Debía dominar el arte de saber qué decir y de mayor importancia aún, qué no decir. Esa era, sin duda, la parte más difícil para esta mujer con alma de guerrera, que usaba la confrontación como espada para resolver todos los problemas. Y aunque no logró sacar un sobresaliente en el autocontrol emocional, era considerada la gran mujer detrás de todos los éxitos de Renato de la Barra.

Siempre tenía una maleta lista para acompañar a su esposo a los distintos países donde su presencia era requerida por ser una eminencia médica. En ocasiones, lo invitaban solo para dar plusvalía a los congresos, que se vendían a tope cuando su nombre aparecía en la lista de expositores.

«Una esposa debe estar siempre junto a su marido» era la frase que repetía una y otra vez, como forma de justificarse a sí misma de que debía acompañar a todos lados al doctor De la Barra. Sin embargo, la verdadera razón por *la cual dejaba todo de lado era la permanente sospecha de infidelidad de su marido.*

Se negaba a ser la siguiente mujer de la familia que terminaba viviendo de la caridad de sus hijos luego que su marido la abandonase por otra. A sabiendas que debido a la poca atención y afecto que les entregó, la retribución de sus hijos no sería mucha.

A sus 63 años seguía pavoneándose como la esposa del doctor De la Barra, aunque habían pasado varios años en que no le acompañaba en sus viajes luego de constatar que ni la seguridad 24/7 era capaz de detener el impulso animalesco de los hombres, como se refería a la infidelidad.

Beatriz tenía ya listo al niño para salir.

Pensó que fue Miguel Ángel quien hizo aflorar en ella el amor maternal.

—Angelito, dígale chao a la mamá y pídale permiso para ir a la plaza después de jugar con las palabras —dijo Beatriz hablando en nombre del niño.

—Por supuesto—contestó María Eugenia—. Jueguen mucho, pero nada de comer helado, que después no cenan— dijo repitiendo la fallida advertencia de todas las semanas con la certeza de que no era el helado lo que les llenaba, sino el amor que nieto y abuela se regalaban a borbotones.

Capítulo 9: Un café

María Eugenia disfrutaba su café como si fuera la octava maravilla del mundo. Con el despido de Cecy, aumentaron las tareas que realizar. Ahora eran más las pelotas que debía mantener en el aire en perfecto equilibrio. Por eso, cada minuto de tranquilidad que tenía lo aprovechaba al máximo.

Ese fin de semana los niños estaban con Tomás, quien se quedaba con ellos cada fin de semana por medio.

«Qué suertuda eres de tener un fin de semana solo para ti», le envidiaban sus amigas sin saber que gran parte de estas «minivacaciones» las dedicaba a ponerse al día con las labores domésticas. Esas que quedaban relegadas en la semana.

No obstante, se había propuesto que por lo menos se regalaría unos minutos para sí. Su «momento sagrado», como lo bautizó. El espacio nada ostentoso que consistía en irse a tomar un café antes de iniciar su viaje quincenal por los pasillos del supermercado.

Años atrás, cuando canjeaba su felicidad por la dependencia económica hacia su marido, María Eugenia tenía otros beneficios. Todos los martes, luego de dejar a los niños en el colegio, se reunía con sus amigas en una cafetería con toques afrancesados. La vitrina llena de pasteles de rimbombante nombre y decoración se había convertido en el muro de los lamentos de cuatro mujeres, quienes no hacían más que sentarse a la mesa para que se destaparan todos los pesares de la semana. Dejarse tentar con algún eclair de chocolate o un macarons de pistacho les ayudaba a llenar con azúcar sus vacíos emocionales.

A Lucía le gustaba llegar antes de la hora definida pues no toleraba la impuntualidad. Por eso tampoco se la permitía a sí misma. «Mi tiempo vale oro», era su eslogan.

Luego llegaban María Eugenia y Javiera juntas. Habían adoptado la rutina de pasarse a buscar alternadamente para después ir a la clase de pilates. Si algo agradecía María Eugenia a su amiga era que la hubiese empujado a hacer algo de ejercicio. Luego de seis meses comenzaba a disfrutar esta práctica que le permitía tonificar sus músculos sin sudar demasiado. Odiaba ver a las personas sudar como grifos abiertos que disparaban al viento desechos líquidos del cuerpo humano.

Magdalena siempre era la última en llegar. Como empresaria muy ejecutiva, aprovechaba para hacer algún trámite que le quedara en el camino hacia el café. Su desafío, llegar en el momento preciso en que el mozo venía a tomar la orden para, con monótona determinación, pedir zumo de naranja y tostadas integrales con palta, pedido que hacía al garzón mientras saludaba a sus amigas.

La conversación partía con las ineludibles quejas sobre los maridos, los hijos, el colegio que no paraba de exigir y pedir. Terminaba siempre en lo exhaustas que se sentían y la falta de tiempo para hacer todo lo que su estilo de vida les exigía.

María Eugenia solía mirar esta escena desde afuera analizando los gestos, risas, cuestionamientos y hasta las muletillas usadas por estas mujeres para enfatizar sus palabras. La verdad era que tanta victimización le generaba un poco de recelo. Bastante tenía ya con sus problemas familiares para ir a instalarse en un pseudoconfesionario. En ese estado de atención flotante se mantenía hasta que llegaban al tema de los viajes. Dar recomendaciones de los lugares que había visitado junto con comentar los destinos venideros era la mejor parte de estos encuentros; por lo menos, para María Eugenia.

«Ahora era todo tan distinto», suspiró tomando el último sorbo de su café.

¿Con cuántas personas había compartido una taza de café en su vida? Algunas amistades intensas, robustas y aromáticas cual granos de café recién tostados, y otras que, con el tiempo, se pulverizaron como café instantáneo soplado por una leve brisa.

Aprovechando el halo de energía proporcionada por su expreso, María Eugenia comenzó a llenar su poco lujoso carro de metal con los víveres para la familia.

Capítulo 10: Insomnio

Cinco de la mañana, otra vez despierta.

Desvelarse antes de que amaneciera ya se estaba convirtiendo en un hábito. Sus pensamientos se aglutinaban uno tras otros en su cabeza. Intentaba volver a dormir. Contaba ovejas que con sutileza saltaban sobre la cerca. Pero su cerebro no tardaba mucho en desvirtuar la imagen del lanudo animal y comenzar a ver saltar, volar, alejarse, billete tras billete. La oveja no era un buen animal para conciliar el sueño. Lanudas, lana, dinero. ¡Pobre animal que terminaba siendo responsable de sus pesares solo por recordarle su situación económica actual!

Años de estudio de Ingeniería Comercial y ahí estaba, con su cuenta corriente en la línea. La gimnasia bancaria ya no estaba resultando. Por más que intentaba cubrir los agujeros financieros siempre había algún gasto que aparecía para robarle hasta el último peso y también su tranquilidad.

¡Y pensar que cuando trabajaba en la banca llevaba cientos de carteras de clientes, generándoles la mayor rentabilidad a sus inversiones! Quince años de castración económica comenzaban a jugar en su contra.

Desde que se casaron, la seguridad económica era el baluarte del que más se regocijaba Tomás. El rol de proveedor ostentoso era su definición. No solo cubría las necesidades de la familia, sino que también se preocupaba de ofrecerles la mayor cantidad de lujos que estaban a su alcance. Lujos que aumentaban en valor cuanto más personas supieran de ellos.

María Eugenia nunca puso atención en el tema dinero. Vivía con la certeza de que la tarjeta de crédito siempre cubriría todos sus gastos y antojos. Cenas, viajes, cambio de ropa cada temporada, personal que le hacía todo en la casa de lunes a lunes con Cecy orquestando el funcionamiento del hogar.

Su mayor esfuerzo era guardar los vouchers de las compras que hacía, boletas que debía pasar sagradamente a Tomás la última semana del mes para que fueran revisadas y cuadradas con las cartolas bancarias. Como adolescente que rinde cuentas a la figura paterna, sabía que su esposo se quejaría de los excesivos gastos sin escatimar en halagos hacia su virtud para derrochar el dinero que él generaba. Pero también conocía el desenlace, ese mágico momento en que la tarjeta era pagada y, como en los videojuegos, obtenía más vidas para gastar durante el próximo mes.

Luego de la separación, Tomás le pasaba una pensión alimenticia que cubría los gastos de los niños, solo de los niños. Y aunque cada vez que conversaban su ex le ofrecía dinero en caso de necesitarlo, hipotecar su dignidad como estrategia para solventar sus gastos ya no era una opción.

Había sido una derrochadora. Pero lo que más le dolía no era el dinero perdido, sino haber desperdiciado por tantos años su talento, su independencia, su autonomía.

Estaba completamente despierta, no había vestigios aún de la salida del sol, pero el camino que le llevaría a ser dueña de su propia vida se veía claramente.

María Eugenia sabía el estilo de vida que quería para ella y sus hijos y no estaba dispuesta a renunciar a él.

«¿Cómo generar ingresos?» era la pregunta que golpeaba sus sienes.

Lo importante no es cuánto se gaste, sino lo que uno gane —pensó dejando aflorar su lado comercial. Tenía grandes activos fijos que no estaba usando: tiempo, salud, creatividad y una gran motivación proveniente de las sonrisas de sus hijos.

Era el momento de remangarse la blusa de seda y criar su propia gallina de los huevos de oro, no una prestada por su padre o el padre de los niños. El matriarcado económico había llegado. «Lo que bien se aprende no se olvida», se dijo.

La adrenalina generada por la confianza en sí misma la sacaron a saltos de la cama.

Tomó su computador y en una tabla Excel comenzó a diseñar su nueva realidad.

CAPÍTULO 11: ENFERMA

Había pausado la alarma en tres ocasiones y todavía no lograba levantarse consecuencia de la mala noche pasada. Despertaba a ratos con escalofríos o bien por una ola de sudor. Sentir que su cuerpo liberaba todo el calor la tranquilizaba, la fiebre estaba cediendo. Lo peor era la tos que la desgarraba y se hacía presente cada vez con más frecuencia. Solo de anticiparla, ya le dolía el pecho.

El cuadro de Frida Kahlo que mostraba una mujer fragmentada como un rompecabezas mal armado y que tenía en la pared de la habitación le hacía sentir como si estuviera mirándose al espejo.

—Tantas cosas que tengo que hacer hoy —murmuró tratando de convencer a su cuerpo para que se movilizase.

María Eugenia siempre había gozado de excelente salud. No sabía si atribuirlo a su genética familiar o al estilo de alimentación saludable implementado por Tomás para evitar tener una familia obesa. Sin embargo, las pocas veces que enfermaba era solo un vestigio humano que, a ratos, lograba conectarse con la realidad si sus párpados le ayudaban en el intento de despertar. La poca energía que tenía la reservaba para ducharse, con la ilusión de que estar limpia le haría sentir mejor.

Mientras vivía con sus padres, cualquier enfermedad que padeciera era una gran oportunidad para que su madre pusiera en práctica los estudios de primeros auxilios, adquiridos con las damas de la Cruz Roja. En ese tiempo podía darse permiso de estar enferma y tomarse los días que fueran necesarios para su recuperación. La combinación perfecta: su madre se sentía importante y ella, querida.

Luego, ya casada y con hijos, tenía a Cecy. Su nana le hacía esas maravillosas sopas «levantamuertos», receta aprendida de las mujeres de su familia en el campo, quienes preparaban fondos de este caldo para animar a los borrachos luego de alguna celebración. Cecy llegaba a su habitación con un vaso de jugo y los medicamentos en los horarios que debía tomarlos mientras le abría un poco las ventanas para ventilar la habitación. Pero, sin duda, lo mejor era su capacidad para hacerse cargo de todo.

A ratos los niños abrían la puerta de su dormitorio. No alcanzaban a dar un paso cuando ya estaba Cecy a su lado alejándolos con cariño:

—La mamá está enferma, así que mejor mantenerse de lejito no más para que esos bichos feos no vengan a atacar a mis niños —les explicaba terminando de convencerles con la promesa de un pedazo del queque que

estaba haciendo en la cocina. La mayoría de las veces no había queque alguno, excusa perfecta para distraerlos con la preparación del apetitoso trofeo.

Tomás no era tan comprensivo. Las luces que intempestivamente se encendían como focos de tortura, junto al retumbante golpe de un par de zapatos que caían tal cual piedras, la avisaban de su presencia. Era frecuente que su marido llegara para tomar una ducha, cambiarse de ropa y seguir con sus actividades: trabajo, deporte, cena con amigos. Sin siquiera preguntarle cómo se sentía, se iba con la misma prisa con que llegaba. Para María Eugenia era como la fastidiosa visita de la enfermera en la clínica, que cada cuatro horas interrumpe el sueño de los pacientes para tomarles la temperatura. Y aun cuando se iba sin apagar la luz, volvía a descansar.

Un nuevo ataque de tos la sacó de sus ensoñaciones.

¡Por Dios, cuánto extrañaba a Cecy! En momentos de fragilidad es cuando más se valora el apoyo.

Pensó que era mejor quedarse en cama y no mandar a los niños al colegio. Pero antes que la alarma del reloj volviera a sonar, tres pequeños ya habían entrado a su habitación.

Sacando fuerzas, se levantó a contracorriente de lo que su cuerpo necesitaba. Entre suspiros logró tomarse el pelo en una cola y decirles a los niños: «¿Quién quiere tomar desayuno?». La respuesta de hambre de los niños no se hizo esperar.

En la cocina se preparó un cóctel de medicamentos que la ayudaría a estar funcional. Enfer-
marse era un lujo que ya no se podía dar.

CAPÍTULO 12: FLOR Y SER

Arrodillada frente a los tulipanes, miraba cómo la tierra que removía se diluía entre sus dedos.

Extasiada, María Eugenia contemplaba los brotes de las pequeñas flores. No dejaba de maravillarse con el proceso de la vida, sus plantas, sus hijos. A lo mejor muchas mujeres no se cuestionaban al respecto, pero María Eugenia no podía dejar de sentir el místico poder que impregnaba a todas quienes eran capaces de dar vida.

Con el cuidado de una madre que acaricia el rostro de su bebé, así limpiaba los pétalos de las flores. Sacaba el polvillo retirando de la tierra cualquier maleza que atentara contra su bienestar. Luego los regaba, nutriendo todas sus necesidades.

Antes de ser madre, María Eugenia era incapaz de mantener vivo a ningún ser sobre este planeta. Menos aún si no era capaz de pedir con claridad lo que quería o necesitaba.

Fueron varios los intentos que hizo por tener plantas de interior en su departamento, presionada por sus amigas fanáticas del feng-shui. Esperaba que el espíritu verde de la naturaleza hiciera fluir las energías de su vida. Pero hasta los cactus se le secaban.

Asumía estar demasiado centrada en sus necesidades como para reconocer las de otros. Incluso esta tendencia al sentido yo-yo le hizo dudar de sus competencias maternales, inseguridad remarcada por las frases de su madre: «Si no eres capaz de cuidar una planta, cómo vas a tener hijos», le decía cada vez que el temor de no tener nietos la acechaba.

Cuando el bulbo de la maternidad floreció en ella, se enfrentó a una bebé que no hablaba; solo emitía sonidos guturales, pero la miraba. Para María Eugenia eso era suficiente. Pronto aprendió el idioma de las miradas, el lenguaje de los gestos y la descodificación de los olores, que no solo le sirvió para saber en qué minuto debía hacer el cambio de pañales, sino también para olfatear los estados emocionales de sus hijos. Amalia le enseñó a comunicarse sin palabras.

Pero fue de Alejandro de quien aprendió el amor por las flores. Su hijo del medio era un remolino andante. Podía estar corriendo como locomotora sin freno, pero paraba en seco para contemplar una planta, hecho con el cual María Eugenia podía derribar las teorías psicológicas que lo calificaban como un niño sin control de impulsos.

El pensamiento mágico de Alejandro a sus tres años, temiendo hacer algo que a las plantitas les doliera, era conmovedor. María Eugenia tenía muy vívido el recuerdo de un día en que el niño le tomó la mano y la llevó hasta una rosa para que le hiciera nanay al ver que algunos de sus pétalos se le habían caído.

Las flores eran el tranquilizante natural para el niño, le calmaban más que un cuento, los juguetes o las canciones de cuna. Con el afán de que su hijo estuviera a ratos tranquilo, comenzó a llevarlo de paseo a plazas y parques cada vez que podía. Hasta que decidió iniciar su propio jardín en casa.

Con el tiempo, Alejandro dejó de interesarse en el jardín, pero María Eugenia cada día amaba más sus flores; en especial los tulipanes, flor sagrada en la cual veía tan bien reflejado su espíritu viajero y enigmático.

Su jardín era su templo, al cual acudía siempre que necesitaba volver a su centro, como aquella vez.

El viento de la tarde hacía danzar las flores, las que se doblaban desde la base de su tallo. Quien no conociera la flexibilidad de las plantas temería por su fragilidad. Así se sentía María Eugenia, a punto de quebrarse con tanta confusión e incertidumbre. Solo sabía que necesitaba generar su propio dinero, pero no lograba descifrar cómo.

Acariciaba los pétalos de sus tulipanes como quien frota una lámpara maravillosa. Con la misma ilusión que años antes Alejandro se comunicaba con las flores, esperaba que apareciera un genio y le arreglase la vida. No apareció un genio para concederle tres deseos, pero la magia se apoderó de todo su ser.

María Eugenia comenzó a ver cómo las múltiples piezas de su rompecabezas mental comenzaban a ordenarse. En la medida que aumentaba su excitación, la respuesta a sus dificultades se hacía cada vez más nítida.

—Pondré un negocio de flores —exclamó—. Sí, sí, flores.

No había nada que apasionara más a María Eugenia que cuidar y regalar la belleza de las flores. Sentía como cada célula de su cuerpo comenzaba a florecer al ritmo de su acelerado corazón. Se sentía viva. Viva e ilusionada. Ya visualizaba el cartel colgado a la entrada de su negocio: «Flor y Ser».

Capítulo 13: Auto rojo

—Auto rojo, frazadita, perrito, polerón —insistía Miguel Ángel mientras María Eugenia alistaba su mochila asegurándose así que su hijo llevara todo lo necesario para pasar el fin de semana en casa de su papá.

—Auto rojo, frazadita, perrito, polerón —repetía para no olvidar ninguno de sus objetos de valor. María Eugenia lo miraba con la ternura que significaba saber que su hijo era cada día más autónomo.

El acuerdo tras la separación era que los niños estarían con Tomás fin de semana por medio. Con Alejandro no había ningún problema, para él su padre siempre fue su ídolo y referente en todo lo masculino. Amalia, en su tendencia de agradar a todos, se dejaba llevar por la situación aun cuando su mirada reflejaba la disyuntiva de la hija mediadora. Por un lado, quería estar con su papá, pero con pena de dejar sola a su mamá. Sin duda, el gran desafío había sido con Miguel Ángel.

Desde que estaban de novios, María Eugenia sabía que Tomás no era un imán para los pequeños. Nunca fue ese hombre agradable que en las reuniones familiares jugaba y hacía reír a los niños. Más bien se sumergía en conversaciones eternas con los hombres de negocio. Incapaz de notar lo que pasaba en el mundo infantil aunque hubiera llantos, golpes o peleas de por medio.

María Eugenia no sabía si le asustaba más esta imagen de futuro padre desconectado o el hecho de que las pocas veces que hacía su mayor esfuerzo por interactuar con un niño, su rostro de hombre que parecía siempre enojado, les hacía llorar. Aquello de relacionarse con seres que parecían pitufos a su lado no le fluía.

«Cuando sienta el amor de padre va a cambiar», se decía María Eugenia en su afán de justificar esta conducta de Tomás, aunque no podía evitar pensar que, si todos los hombres actuaran igual que su marido, habría serios problemas con la supervivencia de la especie.

El vínculo de Tomás con los niños no se dio como en las teleseries, donde el hombre siempre presente le habla a su hijo desde que está en el útero materno. Luego se ve esa escena en la que acompaña a su mujer durante el parto, marcándole la pauta de los ejercicios de respiración que aprendieron juntos en las clases prenatales mientras le toma con cariño la mano y, al ver nacer a su hijo, lo toma en brazos y, con lágrimas de emoción que no intenta disimular, se acerca a su esposa para besarle la frente e inmortalizar esa tríada de amor en una foto.

El nacimiento de Amalia distó mucho de esa imagen de película. Entre contracciones, María Eugenia notaba el desagrado de Tomás, quien no podía entender que a la niña se le había ocurrido nacer justo el día en que su banda musical favorita venía a dar un concierto a estos confines del mundo. «El espectáculo con el que había soñado toda mi vida», decía mientras caminaba de un lado a otro de la habitación. Hasta le planteó la opción de arrancarse al concierto y regresar antes que naciera la niña, considerando que el doctor había dicho que el trabajo de parto duraría unas cuatro horas más, tiempo suficiente para ir y volver.

Esa noche nació Amalia, tres años después, Alejandro, y finalmente Miguel Ángel. Aumentaban los niños, pero no el vínculo de Tomás hacia ellos. «Si educar a un niño es caro, imagínate a tres», decía cada vez que intentaba excusarse por el poco tiempo que estaba en la casa, delegando en María Eugenia el cuidado de sus hijos.

No fue sino hasta que comenzaron a mostrar interés por actividades deportivas que Tomás deparó en su existencia. Así se convirtió en el coach de Amalia al detectar el talento de la niña para el hockey, cuando a los tres años tomó una escoba para guiar una pequeña pelota de tenis por toda la casa. Alejandro, desde que pudo ponerse en pie, demostró el mismo gusto que su padre en el deporte y desde que aprendió a andar en bicicleta se convirtió en su compañero para subir a todos los cerros que podían. Pero Miguel Ángel cultivaba solo interés por aquello que convertía en rutinas y le daba seguridad en su día a día.

En esta relación sin relación, Tomás debía hacerse cargo de Miguel Ángel cada quince días. Por ello, María Eugenia no dudó en considerar la propuesta inicial de su exmarido. «Es mejor esperar a que Migue sea más grande para que venga los fines de semana a mi departamento», le dijo en la audiencia de mediación agregando que en aquel momento y con las dificultades del niño, necesitaba más a su mamá.

María Eugenia, solo de imaginar el llanto descontrolado su hijo sin nadie capaz de contenerlo, se aterraba. Temía que el rechazo de Tomás fuera percibido por el niño. Ya había sentido la discriminación hacia Miguel Ángel de primera fuente, en la mirada de su exesposo.

Fue Beatriz quien les impidió cometer la mayor de las torpezas.

—¿Pero qué locura es esa? —dijo—. ¿Acaso están pensando aislar a Miguel Ángel de todo? ¿Tampoco lo van a llevar al colegio o a los cumpleaños de sus amigos? Miguel Ángel debe ir a casa de su papá como sus hermanos y, si es necesario, yo lo acompaño hasta que se quede sin problemas con Tomás —dijo asumiendo en plenitud su rol de abuela.

Se necesitaron varios meses para que el niño se familiarizara con la rutina de quedarse cada dos semanas fuera de su casa. Tomás, de a poco, fue haciendo los cambios necesarios para que su hijo se sintiera a gusto con él. Mientras tanto, Beatriz se hacía presente aportando la seguridad que ambos necesitaban.

—Papá, papá en el auto rojo —anunciaba Miguel Ángel la llegada de Tomás al oír el sonido del motor. Con su mochila en los hombros se fue a despedir de María Eugenia y se paró al lado de la puerta esperando a que sonara el timbre. Amalia y Alejandro recogieron sus cosas, le dieron un beso a su madre para luego colocarse como escoltas detrás del pequeño.

María Eugenia los vio subirse al auto de Tomás y los despidió con un saludo desde la ventana.

«No hay nada más reconfortante que ver a los niños felices», pensaba.

CAPÍTULO 14: DINERO, MALDITO DINERO

Tenía el plan de negocios listo. Ahora solo le faltaba el dinero para llevarlo a cabo. Qué fácil era decirlo, cuando justamente había pensado en poner su propia empresa para generar aquel bien que tanto le escaseaba: dinero.

Pedir un crédito ni soñarlo. Bien sabía ella que las dueñas de casa, al no tener cómo acreditar sus ingresos, quedaban en uno de los perfiles de mayor riesgo para la banca. Pertenecía al grupo de clientes a los que los ejecutivos les sonreían y despachaban rápido, pues ahí no había comisiones para ganar.

María Eugenia conocía historias de muchos emprendimientos que partían con el dinero de los únicos que creían en la idea o estaban dispuestos a apoyarlos: la familia. Pero también sabía que los mayores problemas en una relación son a causa del dinero, por lo que no quería arriesgar su capital afectivo en la cruzada empresarial. Además, emprender implica siempre un gran riesgo, así que prefería tener el respaldo de su familia para que la ayudase en caso de que el negocio no resultara tal como había proyectado en sus números.

La otra persona que conocía con el suficiente capital como para prestarle era Tomás, quien, de seguro, muerto de la risa, le regalaría un Monopoly para que jugara a «la empresaria».

No, esta vez sería diferente. Ella levantaría este negocio desde cero.

Desde pequeña, sus necesidades habían sido suplidas por otros sin que ello implicara mayor esfuerzo de su parte. Una mirada enternecedora a su padre para que le comprara el juguete que quería; un par de frases a su madre explicándole por qué las zapatillas que se quería comprar no eran un gusto sino una necesidad, pues no tenía ninguna de color fucsia; y, luego, solo bastaba que le dijera a Tomás lo que pensarían de ellos los amigos del club si la veían usando la misma ropa del año pasado o anticipar algún comentario que lo vinculara a la pobreza era suficiente para que recargara la tarjeta de María Eugenia, quien luego de sentir el sonido de las monedas virtuales entrando a su tarjeta de crédito, gustosa iba a comprarse la ropa de última temporada.

La persuasión, tocando la fibra sensible de los otros, era su don. Por eso no tenía inconvenientes en el banco para conseguir que los clientes invirtieran con ella su dinero. «¿Se imagina cómo se va a sentir el día que vaya a la titulación de su hijo? El primero de la familia en ser pro-

fesional. ¡Cuánto orgullo va a sentir! ¿Qué le parece si le ayudo a construir ese camino invirtiendo pesito a pesito?», les decía. «Usted, con tantos conocimientos y contactos, ¿no ha pensado en poner su empresa? ¿Y si comienza a ahorrar para independizarse y ser su propio jefe?». Así ayudaba a sus clientes a visualizar el futuro que añoraban y además lograba que depositaran en ella mucho más que la confianza.

Pero veinte millones no se conseguían con miraditas o frases cautivadoras. Algo tenía que hacer para juntar ese capital.

¿De dónde sacar la plata? Esa era la pregunta que se hacía una y otra vez. Plata, plata, plata.

—¡Plata! Sí, plata —dijo agitada.

Cucharas, fuentes, bandejas de plata. Vajilla de colección que nunca usaba porque odiaba el ritual de limpieza que implicaba después.

Miró a su alrededor buscando, tasando qué otras cosas tenía que podía vender. Cuadros, jarrones, muebles de colección...

Haría una gran subasta. Su casa quedaría con una decoración minimalista, pero sus arcas estarían bien llenas.

Y si su familia quería colaborar en su empresa, podía donar algún artículo valioso para la subasta. Eso le hacía sentir más cómoda que pedirles dinero.

El auto también, no necesitaba un auto de lujo con tres corridas de asientos. Ahora lo que necesitaba era una camioneta que le permitiera echar a andar su negocio. De doble cabina, así podía entregar los pedidos de flores y, además, transportar a los niños.

Seguía recorriendo su casa con la mirada de quien va descubriendo tesoros en todas las habitaciones. No se había dado cuenta del gran capital que tenía a su disposición.

De todo eso podía prescindir, pero no de su libertad.

CAPÍTULO 15: SILENCIO

Como si estuviese concursando para un evento culinario, María Eugenia preparaba su coctel *gourmet*. Ya tenía listos los champiñones al pilpil y el queso *brie* picado. Abrió la bolsa del surtido de frutos secos y probó por última vez el punto de sal de su pasta de salmón ahumado. Sin duda, el arte de convertir un enlatado en una delicia se había convertido en su talento.

Sacó su conjunto de vajilla de porcelana con diseños pintados a mano, que fue adornando con hermosas presentaciones. Costaba comerlas sin antes sacarles una foto. Colocó todo sobre la bandeja de plata. Solo faltaba el licor. Eligió una copa de cristal Murano color oro, regalo de su fallido matrimonio, que llenó con espumante.

Le gustaba hacerse cariño mediante sus encuentros caseros con el lujo. La economía familiar ya no le permitía el *tour* gastronómico por los mejores restaurantes. Tomó su bandeja y se instaló frente a la televisión.

Tras el divorcio, y los días que Tomás estaba a cargo de los niños, Netflix se había convertido en su compañero fiel. Comenzar a ver una serie nueva significaba el inicio de un amor de temporada con los protagonistas. No importaba si eran amas de casa, asesinos en series o torpes adolescentes que buscaban su primer amor. A través de ellos vivía todas las experiencias que su realidad le negaba. Lástima que la emoción solo le duraba ocho, doce capítulos o, en el mejor de los casos, un par de temporadas.

Era maravilloso poder quedarse en su hogar sin las presiones de tener que salir cuando no tenía ganas de hacerlo.

María Eugenia siempre prefirió las actividades familiares e íntimas por encima de las fiestas y masivas celebraciones. Por eso le atraía tanto esa personalidad apabullante de Tomás, quien, desde el colegio, era capaz de captar la atención de todos en el grupo al que se insertara. Su voz gruesa y segura se alineaba completamente a su estatura. Luego estaba el carisma que afloraba cuando sentía público a su alrededor. Sin duda, la triada infalible para capturar la atención en cualquier contexto social.

En su rol de primera dama solo tenía que saludar amablemente y dejarse llevar por la situación. «Sonrían y saluden», diría el manual de esposa de hombres de negocios. Siempre acompañaba a su esposo a cenas importantes, reuniones con amigos, celebraciones de cumpleaños de conocidos y no tan conocidos. Tomás nunca rechazaba una invitación. «Las reuniones donde hay alcohol son el mejor escenario para captar clientes», decía. Su éxito como empresario le daba la razón.

Con el paso de los años, noches sin dormir y tres hijos demandando su tiempo, María Eugenia no podía seguir el ritmo de Tomás. La verdad es que se aburría y no quería mantener esos encuentros de interacciones superficiales. Por eso, llegaron a un acuerdo: ella solo le acompañaría a un evento a la semana.

El acuerdo semanal les funcionaba para casi todo:

Un día de la semana, Tomás debía pasar un rato con los niños.

Una vez a la semana se aceptaban las visitas de suegras a la casa.

Una vez a la semana hacían el amor.

Un día a la semana, María Eugenia se juntaba con sus amigas.

Los martes en las mañanas eran el espacio sagrado de las Sex And The City chilenas, aunque ninguna quisiera asumir el rol de Samantha; por lo menos, abiertamente. Estos eran los espacios que disfrutaba María Eugenia. Grupos pequeños, de interacciones basadas en la confianza, donde no hacía falta hablar para comunicarse.

Valoraba los silencios a tal punto de sentirse magnéticamente intrigada por las pausas. Esos aparentes vacíos definían en contexto e intención las palabras venideras, respiros de milisegundos que permitían pensar antes de simplemente hablar. El ceda el paso para que apareciera *la expresión no verbal de las emociones, dejándolas fluir puras, sin el maquillaje de racionales discursos.*

Fue en uno de esos silencios, entre sorbos de café, que descubrió cómo la expresión de Magdalena no pudo disimular su deslealtad. Aunque sus palabras intentaran dar detalles, no había excusa que justificara el haber estado el fin de semana pasado en el mismo congreso y en el mismo hotel que Tomás.

María Eugenia podría haber dicho muchas cosas en ese momento dejándose llevar por el carro de la ira, con gritos que harían explotar en llamas de rabia aquel lugar. Pero no dijo nada. No pudo. Una profunda pena apretaba su garganta a dos manos impidiéndole hablar. El diseño de corazón que adornaba la espuma de su latte se desarmó con la montaña rusa de emociones en la que se subió durante aquel silencio.

Magdalena callaba lo más importante, lo único que debía decir si hubiese querido conservar la amistad. En silencio miró al frente, buscando con desesperación que Javiera le ayudara a salir de aquel hoyo negro. Pero la miembro más joven del grupo bajó la mirada intentando esquivar así la responsabilidad que sobre ella ponían.

Lucía también quedó muda. Sus ojos desorbitados ante el impacto de aquel descubrimiento empujaban a Magdalena y Javiera a decir algo. En silencio, se levantó y abrazó a María Eugenia. Con la fuerza del abrazo, la levantó de la silla tapizada con la Torre Eiffel y la llevó al auto.

Desde ese encuentro, el silencio de María Eugenia fue el castigo permanente para Magdalena y Javiera.

Entre bocados y sorbos de espumante, se disponía a llenar su tarde de sábado con emociones virtuales. Ya había visto casi todas las tendencias, las referidas, así que cada vez le costaba más encontrar algo que le interesara.

Un sugerente título en la pantalla del televisor capturó su atención: «Ya te extraño». Dos amigas que han estado juntas siempre en las buenas y en las malas…

No necesitó leer más de la sinopsis. Tomó su celular y le escribió a Lucía.

«Hola.

Estoy sin niños, con un espumante frío y a punto de darle *play* a una película.

¿Te animas?»

No pasaron más de dos minutos y vibró su teléfono.

«¡¡Noche de chicas!!! Genial»

Contestó Lucía:

«Dame 30 para dormir a los peques y llego»

María Eugenia sonrió.

CAPÍTULO 16: FOTO DE PERFIL

María Eugenia debía velar por su familia. Tomás era un gran apoyo, asumía los costos grandes como el colegio además de la manutención que les daba. Sin duda, la separación había sacado su mejor lado como padre. Pero no se sentía cómoda endosándole la carga financiera. Su meta: sentir que era capaz en todas las áreas de su vida.

Le encantaba la idea romántica de su local de flores donde las personas pudieran sentir el aroma de las violetas, el terciopelo de los pétalos de rosa y, en conjunto, ir armando un hermoso arreglo floral. Pero la instalación de la florería implicaba un alto costo que consumiría todo su capital. Primero debía confirmar que su negocio tendría mercado. Y aunque se resistía a más no poder, la forma más efectiva y barata de saberlo era ofreciendo sus flores a través de las redes sociales. Para que un negocio funcione tiene que vender y, por ende, haber compradores interesados. Y si algo tenían las redes sociales eran millones de espectadores esperando que les mostraran cosas hermosas como sus flores.

Sentada frente a su computador, dudaba. Como quien está a punto de apretar el botón rojo para disparar el primer misil que desencadenará una guerra mundial, cerró los ojos e hizo un clic en el botoncito azul de la red social.

María Eugenia odiaba todo lo que no pudiera usar sin antes leer un manual o configurar. Tomás era su héroe tecnológico. Ella solo le pasaba el dispositivo electrónico que quería usar y él lo dejaba funcionando.

Rayaba en la indiferencia ante los smartphones llenos de aplicaciones, le bastaba tener minutos para llamar por teléfono. Prefería hablar con las personas a mandarle mensajes. Sentía que era un espacio más íntimo. Hasta que se dio cuenta de que sus llamadas importunaban. Sus amigas y conocidos eran mucho más amables contestando con mini textos cuando querían y podían.

El boom de las redes sociales apareció cuando ella ya estaba dedicada a la casa. Y así, como era de introvertida en la vida real, lo era en las redes sociales. Cantidad de amigos: veinte y siete. Entraba a su cuenta por compromiso unos días después de su cumpleaños para agradecer los saludos, principalmente de los tíos y primos que vivían en el extranjero. Su foto de perfil la había cambiado tres veces. Inauguró la cuenta con una foto de su matrimonio y luego la cambió cada vez que la familia se agrandaba con la llegada de uno de sus hijos.

Tampoco le atraía la idea de compartir todo lo que hacía o el voyerismo socialmente consensuado. Su filosofía: el chisme con las amigas en directo es mejor.

No se arrepentía, pero pensaba que, si hubiese estado más presente en el mundo virtual, los mensajes y fotos donde Tomás y Magdalena se etiquetaban le hubieran dado más de una pista de su infidelidad.

Tenía aún su mano sobre el ratón cuando empezó a recibir mensajes de compañeros de la universidad y hasta del colegio.

No estaba preparada para esta inmediatez y menos para responder a las infaltables preguntas:

—¿Cómo estás?

—¿Tomás, los niños, todo bien?

—¿Cuánto tiempo?

Preguntas tan superficiales como intensas para María Eugenia en ese momento. La foto de la familia feliz en el perfil le había delatado.

Le resultó difícil encontrar una foto que la representara. Que reflejara que ya no estaba casada sin dar la impresión lastimera de pobre mujer sola.

—Esta —se dijo al ver una foto en la playa que le había tomado Alejandro cuando, intentando escapar de una ola, cayó sentada y se mojó completa. La carcajada capturada por su hijo daba cuenta de la alegría y deseo de disfrutar en plenitud hasta las cosas más pequeñas de la vida.

María Eugenia actualizó su foto en el espacio circular que le ofrecía la red social y respondió sin titubear:

—Aquí, reinventándome.

CAPÍTULO 17: LA TÍA MONSERRAT

«Hola, hola, ¿cómo estás?».

Entre saludos, a veces cariñosos, otras veces por compromiso, María Eugenia se iba insertando en el grupo.

Su familia paterna gustaba de celebrar el Día de Acción de Gracias al estilo gringo. Ninguno de sus parientes era de Estados Unidos, pero el desborde de siutiquería chilensis servía para reunir a primos y tíos, que pocas veces en el año se veían. Aunque, en esta ocasión, lo menos que quería María Eugenia era ser vista.

Hacía poco tiempo que Tomás se había ido de la casa y la mochila del divorcio parecía que la delataba. Esta era una de las celebraciones familiares que más le gustaba, pero sentía que en esa oportunidad iba a pararse frente a un paredón de preguntas y miradas cuestionadoras.

La celebración del Día de Acción de Gracias en la familia Palacios partió cuando María Eugenia era muy pequeña. Su tía Monserrat, la menor de las hermanas de su padre en edad, pero la de mayor influencia, incorporó esta festividad como tradición. Vivió dos años en Estados Unidos junto a su esposo y quedó enamorada de este día donde todos se reunían a agradecer.

María Eugenia siempre pensó que su tía debía ser organizadora de eventos. El éxito de sus fiestas era reflejo de la minuciosa atención por los detalles de Monserrat, mezclada con una gran amabilidad, que hacía sentir a todos como en casa, preocupada tanto de las decoraciones temáticas que llevaban a conocer distintos países como por la disposición de las mesas para fomentar la cercanía e interacción de los invitados. Pero, sin duda, la atracción principal era el festín de platos, preparaciones de las que la mayoría desconocía incluso el nombre, pero que deleitaban desde el primer bocado.

A Monserrat le encantaba agasajar. Y cuando no había fiestas que organizar, canalizaba su enorme deseo de «ayudar al prójimo» entrometiéndose en la vida de otros aunque no hubiese sido solicitada su presencia. A pesar de eso, todos la querían.

María Eugenia no sabía por qué le afectaba tanto la opinión de su tía. En las celebraciones familiares se reunían casi cien personas, pero lo único preocupante era el momento en que la tenía enfrente. Ese abrazo apretado que le daba a la llegada mientras al oído susurraba alguno de sus consejitos que nunca le había pedido.

Como el día de su boda cuando le dijo: «El lugar de las amigas, por muy buenas que sean, es fuera del matrimonio». O sus comentarios ante las actividades de Tomás, que desde su juicio ponía por encima de la familia: «Un hombre debería dedicar más tiempo a su esposa que a hacer ejercicios», «El gran defecto de los hombres es ser adictos a las mujeres, no al trabajo».

Todas aquellas frases retumbaban en la cabeza de María Eugenia mientras sorteaba a sus familiares en busca de la anfitriona. Finalmente, la vio, aunque parecía que Monserrat la había estado mirando todo el tiempo desde su llegada o, por lo menos, eso sentía María Eugenia. Hubiera deseado que cada paso le alejara en lugar de acercarle a ella.

Siguió caminando, respiró profundo y la miró a los ojos, intentando que sus manos temblorosas no dejaran caer el delicado arreglo de flores con diversos colores de *liliums*, que le traía de regalo, a sabiendas que era la flor favorita de su tía. *Liliums* amarillos para reflejar la felicidad, otros lilios naranjas como símbolo de cariño, todos rodeados de los blancos para reconocer el corazón puro, bondad e inocencia de su tía.

Monserrat se apuró en saludarla, con su sonrisa rompehielos y los brazos extendidos. Aquel abrazo fue el más largo y apretado que le había dado.

—Cuando las mujeres se hacen cargo de su propia felicidad, es cuando demuestran de lo que realmente están hechas —le dijo al oído.

—Gracias, tía —contestó María Eugenia haciendo su mayor esfuerzo por contener las lágrimas.

—Hoy es un día para agradecer y divertirse —agregó Monserrat llevando a María Eugenia del brazo para que se integrara en la celebración.

María Eugenia tomó una copa de la bandeja que le acercaba un mozo y fue a saludar a sus primas. Su mentón lucía más alto y su actitud, más segura luego del consejo de su tía Monserrat.

CAPÍTULO 18: TRES, DOS, UNO

«Diez, nueve, ocho».

María Eugenia mascullaba la cuenta regresiva que marcaba el término del año. Intentaba acoplarse a la algarabía, pero sus pensamientos estaban con sus hijos. Desde que fue madre, era la primera vez que hacía el rito de cierre de un año lejos de Amalia, Alejandro y Miguel Ángel. Les imaginaba alegres, con sonrisas más radiantes que los fuegos artificiales iluminando la casa de su padre.

«Siete, seis». Cuánto deseaba cerrar ese ciclo. Era uno de esos años que deberían quedar en el olvido de los olvidos. Lo bueno era que había logrado resistir todas las inclemencias emocionales. Era más fuerte.

María Eugenia nunca entendió la tradición de ir contando de atrás hacia adelante en espera de que el reloj marcara las cero horas cada año. Incluso cuando niña se pegaba a las piernas de su madre, aferrándose a la persona que más quería, para pasar con ella lo que consideraba que eran los últimos minutos de su vida. Esa cuenta regresiva le activaba el temor de no saber qué pasaría cuando llegaran al cero, aunque anticipaba que algo bueno no sería. ¿Sus papás desaparecerían? ¿Se quedaría sin amigos? ¿Aparecería en un planeta lleno de monstruos? En todas las fotos de año nuevo salía con la misma cara de terror. Y aunque confirmaba que nada malo pasaba, aprendió que la incertidumbre no era su mejor aliada.

Quizás por eso obedecía a su mamá sin pensar cuando le mandaba a hacer algo y empezaba a contar: cinco, cuatro. Ya en el tres corría desesperada a hacer lo que le había pedido. Nunca supo qué pasaba si llegaba al número uno. De seguro, lo mismo que pasaría si ella llegara al número uno, usando la misma técnica para poner presión a sus hijos para que ordenaran los juguetes. Nada. Por suerte, sus hijos, al igual que ella cuando pequeña, no sabían de ese desenlace.

De adolescente le gustaba leer novelas de suspense, afición heredada de su madre, quien siempre tenía una novela de Agatha Christie o Sherlock Holmes. Empezaba la lectura y, ya cuando aparecía el primer asesinato, se desesperaba con la angustia de no saber y se iba al último capítulo para descubrir quién era el asesino. Teniendo claridad del final de la novela, ya podía seguir leyendo tranquila.

No es de extrañar que odiara las sorpresas. Se esforzaba en descubrir los regalos, les pedía pistas a sus padres, Santa Claus le temía a su capacidad de investigadora. Necesitaba confirmar que los regalos eran lo que ella había pe-

dido, por lo menos para desensibilizarse de la frustración, esperando que quienes le habían hecho esos obsequios no notaran su cara de decepción. Pero nunca logró esconder sus gestos faciales de desagrado, en especial ante aquellos regalos de las tías que, por cumplir, le compraban cualquier cosa: calcetines, bufandas y pañuelitos bordados. Estos eran los peores. ¿Para qué sirven los pañuelos con bordados que, al limpiarte las narices, las costuras te raspan? ¿O esos que tenían incrustaciones de croché y dejaban escapar todo lo que salía de las fosas nasales?

Ya casada, sin rodeos pedía a Tomás el regalo que quería recibir, con la foto y el lugar donde debía comprarlo. Así su secretaria no se equivocaba. Los regalos que le daba Tomás no decían «Esto es para ti, amor».

Cuando su vida cruzaba caminos inciertos recurría al tarot, carta astral o cualquier estrategia que le permitiera aquietar sus temores. No pagaba por anticipar su suerte, sino porque alguien, a quien otorgaba el poder de ver más allá e influenciarla, le dijera: «Tranquila, va a estar todo bien», placebo que aceptaba gustosa, quedándose con las cosas positivas que le decían: «Tienes una familia maravillosa, los viajes siempre estarán presentes, las monedas de oro adornarán tu casa, eres el verdadero y único amor de ese hombre aunque él no lo demuestre».

Ese treinta y uno de diciembre, como de costumbre, había leído su horóscopo buscando las proyecciones para el año venidero. «Este será un año de decisiones. Te encuentras en el momento ideal para que rompas con el pasado que no te deja avanzar y te enfoques en nuevos proyectos y nuevas ilusiones. Comenzarás tu renovación personal, por lo que tendrás que hacer una buena limpieza de todas las energías, personas y cosas que no necesites. Es un año de cambios en tu situación sentimental, así que deberás enfocarte en tu vida afectiva. Te volcarás por completo en la familia».

«Cinco, cuatro, tres», coreaban todos los asistentes con las copas de espumante en sus manos, en actitud de corredor a punto de iniciar la carrera.

María Eugenia tomó una copa y se dispuso a esperar este nuevo año con los amigos que la habían rescatado de estar en pijamas viendo a través de la televisión los fuegos artificiales.

Comenzaba la ronda de abrazos y buenos deseos cuando sonó su teléfono. Al contestar, tres vocecitas a coro le decían: «¡¡¡Feliz año nuevo!!!». Su cara se iluminó y la emoción comenzó a caer materializada en un par de lágrimas. No oyó cuando el grupo contó uno, pero tenía la certeza de que ella solo necesitaba llegar a tres para ser feliz.

CAPÍTULO 19: LIMPIEZA

«Elimina todo lo que no te inspire alegría».

Las palabras de la gurú del orden no dejaban de resonar en su cabeza. Luego de postergar por meses esta tarea, María Eugenia decidió ordenar de una vez la bodega. Pañuelo en la cabeza para protegerse el pelo del polvo, zapatillas y *leggins*. La hora de hacer limpieza había llegado.

Había años acumulados en ese espacio de cuatro por tres metros, que no le permitían siquiera guardar las bicicletas de los niños. Solo abrir la puerta y ver el desorden ya la desanimaba. «De a poco», se dijo mientras lograba sostener una caja que, al abrir la puerta, casi le cae encima.

Por suerte, su obsesión por el orden no le había abandonado y tenía todo con etiquetas: ropa de nieve, recuerdos de bebé de Amalia, trabajos del jardín de Miguel Ángel, juguetes de Alejandro... Un sinfín de recuerdos abarrotados que debía liberar.

María Eugenia amaba los envases. De niña no había nada mejor que una caja dentro de otra, como las Matrioshkas de los empaques. Todo lo guardaba en los pequeños receptáculos que se encargaba de decorar y embellecer. Otras niñas tenían peluches y muñecas en los estantes de su dormitorio. En cambio, su habitación parecía una vitrina de tienda decorada como si fuese Navidad, llena de cajas de regalo. Su mayor sorpresa era encontrar un pequeño juguete que pensaba que había perdido. Nunca recordaba en cuál de todas esas cajas lo había guardado.

Su fascinación por el envoltorio era adictiva. Recibir regalos era todo un ritual. Abría los paquetes con la mayor delicadeza para que no se rompieran. ¡Cuántas veces escuchó a su madre decir: «Para la próxima vez te voy a regalar una caja y cintas en vez de juguetes»!

Por supuesto que era intolerable para María Eugenia que chicos que buscaban una propina por envolver regalos en las tiendas y supermercados empapelaran sus obsequios con pliegos con un marcado antidiseño, con colores deslucidos e imágenes que parecían dibujos hechos por niños enojados. Podía pasar horas envolviendo regalos, incluso buscaba que combinara el diseño del papel con el interés de turno de los niños, sus colores favoritos y un rosetón que destacara. Navidad y Día del Niño eran sus días de terapia.

Con tres niños en la casa ya no tenía tiempo para decorar sus cajas y guardar en ellas pequeños recuerdos. Pero la llama de su amor por estos dispensadores plásticos volvió a aparecer cuando descubrió lo maravilloso de echar todos los juguetes en ellos. Si no se ve, no hay desorden. Y a la bodega.

Luego, el desafío era encontrar la muñeca de trenzas que Amalia había perdido o el robot de luces que Alejandro buscaba por todos lados y que repetía muy seguro que lo había dejado al lado de su canasto.

—Si tuvieran las cosas en orden no estarían hoy buscando sus juguetes —les decía María Eugenia a sabiendas de que todo lo perdido estaría en la bodega. Pero que ella no estaba dispuesta a buscar. Lo único que no fue a parar nunca a una de esas cajas eran los autitos de Miguel Ángel.

Se miró las manos, negras de tanto polvo. Ya se había tenido que tomar un antialérgico, pero estaba feliz de haber ordenado la mitad de la bodega. Tres bolsas llenas de juguetes, ropa de niños para donar y otras tantas llenas de basura daban cuenta de su eficiente labor.

Una caja sin rótulos llamó su atención. «Esta es la última que ordeno hoy», se dijo.

Al destaparla vio los «recuerdos de guerra» de Tomás, como él le decía. Esas cosas que, aunque estuvieran rotas o llenas de hoyos, se negaba a botar: la cámara fotográfica profesional, de las primeras que llegaron a Chile y para la cual tuvo que juntar tres sueldos para poder comprársela, su colección de *jockeys* de viajes y la polera negra que usó como pijama por tantos años desde que se casaron, con las letras que decían NBA casi imperceptibles, y que a esas alturas era más gris que negra.

María Eugenia apretó la polera a su cara tratando de inspirar hasta la última gota de su olor. Así como se impregnaba de Tomás, comenzó a llorar.

Lloró aferrada a la polera, lloró todo lo que no había llorado por esa vida que había soñado con Tomás y que ya no tendría.

Cuando sintió que había limpiado sus emociones como la bodega, se secó las lágrimas con la misma polera y la dejó en una de las bolsas con cosas para botar.

CAPÍTULO 20: VACACIONES

—Mi turno —dijo Alejandro tomando el celular para colocar música.

—¡No, me toca a mí! —expresó Miguel Ángel a punto del llanto.

—Por favor, pónganse de acuerdo, una canción cada uno —intercedió María Eugenia tratando de modular la tensión en su voz.

—Yo paso —dijo Amalia mientras volvía a colocarse los audífonos.

Dos horas de viaje y aquel auto se habían convertido en una olla de presión. Esa no era la imagen que María Eugenia anticipaba cuando planeaba las vacaciones. Expectativa versus realidad.

—¿Cuánto falta? —preguntó Alejandro.

Como quien encuentra un oasis en el desierto, María Eugenia divisó un cartel que anunciaba una gasolinera a pocos kilómetros.

Planificar las vacaciones era uno de los momentos más placenteros para María Eugenia. Para ella, los viajes no partían cuando se subía a un avión o al auto cargado de maletas, sino meses antes, desde el momento en que comenzaba a elegir el próximo destino.

Amaba conocer distintos lugares, sus olores, las personas que transitaban a su alrededor. Era como escapar y sumergirse en una realidad paralela, a veces con idiomas que no dominaba, pero siempre haciéndose entender. Su estrategia, tener a la mano el comodín de la sonrisa y los gestos.

Los viajes marcaron los momentos más felices en su vida siempre que ella estuviese considerada dentro de los viajeros. Si debía quedarse y ver cómo otros partían, la angustia pensando que les podía pasar algo la desesperaba.

Su padre viajaba mucho, dentro y fuera de Chile. Internacionalizar los muebles que la empresa familiar diseñaba y producía requería que tuviera muchas millas aéreas disponibles. «Vivo en un avión» y «no vale la pena ni desarmar las maletas» eran los comentarios frecuentes de su progenitor. Pero si bien tenía unos días libres, ya comenzaba a planificar una escapada con su esposa. Ese era el peor escenario. María Eugenia estaba acostumbrada a su ausencia, pero separarse de su mamá sí que era difícil.

Para evitar que sus hijos vivieran la misma angustia, se rehusó lo más que pudo a viajar sola con Tomás. Recuerda cuánto le insistía en salir solos, pero Amalia no cumplía el año aún. Sin embargo, dos semanas sin dormir más de cuatro horas por ser la enfermera 24/7 de la niña que se contagió de influenza fue el catalizador que la llevó a recibir gustosa los pasajes a Buenos Aires por un fin de semana.

Pensó que no iba a ser capaz de disfrutar, que estaría preocupada y pendiente de Amalia, llamando con frecuencia a su madre para confirmar que estuviera bien. Pero una vez que se abrochó el cinturón puso su actitud, al igual que su celular, en modo avión.

Esa escapada de fin de semana fue el inicio de muchos otros viajes. Así recorrieron Europa y Estados Unidos, agradecida de que su madre y suegra cuidaran a los niños mientras que con Tomás vivían sus volátiles lunas de miel. Ojalá su marido se hubiese comportado siempre como lo hacía en los viajes. Alejado del estrés y las preocupaciones, se convertía en el marido ideal. Pero tan solo pasaban Policía internacional en el aeropuerto de Santiago recibía, junto con las maletas, al hombre rudo, intransigente y trabajólico que ensombrecía su cotidianidad.

—Ya, niños. Pararemos un rato a comer algo y descansar —dijo mientras estacionaba.

Los tres salieron corriendo directamente a los juegos que había en el patio del local. María Eugenia caminó detrás de ellos con la esperanza de que, tras la merienda y el cansancio de los juegos, durmieran lo que restaba de camino.

Sabía que estas vacaciones no tendrían nada de descanso y relajación para ella, pero eran las primeras vacaciones que podía pagar para salir a disfrutar con sus hijos.

CAPÍTULO 21: MUJER DE NEGOCIOS

M arzo. Colegio. Niños. Correr de un lado a otro.

Como todos los días, camino a dejar a los niños, María Eugenia pasaba por aquella esquina. «¡Qué gran ubicación para montar un negocio!», se decía. «Por aquí pasan muchas personas, tiene acceso por ambos lados de la calle y hay una panadería, que induce la entrada de clientes cautivos tras la marraqueta fresca». Eran locales tan rentables que los empresarios solo los dejaban para instalarse en sus propios espacios o en ubicaciones más grandes cuando no lograban dar abasto al crecimiento de su clientela.

El semáforo en rojo le daba la oportunidad de soñar con su propia empresa en aquel *strip center*. Ya comenzaba a pensar que era una señal del destino que todos los días le tocara luz roja en aquella esquina.

Los hombres de negocios habían marcado la historia familiar de María Eugenia.

Emilio Palacios, su abuelo, llegó a Chile huyendo de la Segunda Guerra Mundial, con una maleta de cuero, de esas que hoy se usan como baúles decorativos vintage donde con holgura guardaba dos camisas, un traje hecho a la medida y una foto familiar en la que rígidamente posaban sus padres y hermana. Su patrimonio, una bolsita de cuero que resguardaba un anillo de rubíes y una cadena de oro que le había entregado su madre al despedirse como quien reparte la herencia en vida.

El sur de Chile le entregaba con generosidad la materia prima que necesitaba: madera nativa. Su capital eran dos manos y cientos de ideas. Así comenzó a tallar arte en trozos de madera. Los inmigrantes europeos de la zona añoraban su mobiliario barroco, por lo que la casa de don Emilio no tardó mucho en ser reconocida como la fábrica de los muebles lujosos.

María Eugenia pasaba gran parte de los veranos en casa de sus abuelos disfrutando de aquella inmensidad verde, matizada con olor a lluvia y tierra fresca, adornada por ovejas, caballos y flores, muchas flores.

Infaltable era el paseo dominical con su abuelo al centro del pueblo a tomarse un helado. Al pagar, sacaba del bolsillo izquierdo un fajo de billetes tan grande que hacía que los ojos de María Eugenia se abrieran como globos, quien con la ingenuidad infantil pensaba que con ese dinero podía comprar todo el mundo si quisiera. Luego se sentaban en una banca de la plaza y, del bolsillo derecho, su abuelo sacaba un pañuelo de tela doblado y planchado con tanta precisión como si fuera una figura de origami, que usaba para limpiar las gotitas de helado antes de que llegaran a ensuciar el vestido rosa de su nieta.

El padre de María Eugenia no tenía el talento artístico del patriarca de la familia, pero le sobraba inteligencia financiera. Luego de estudiar Ingeniería Comercial en la universidad, fue el precursor de la internacionalización de los muebles autóctonos del sur de Chile. Gracias a él, treinta y dos años después, el apellido Palacios volvía al viejo continente.

Ignacio Palacios era el referente económico a seguir. Por eso, María Eugenia estudió la misma profesión. Sin embargo, tras la llegada de Amalia, se sintió más cómoda asumiendo el rol de dueña de casa que durante tantos su madre años había modelado para ella.

Pero, sin duda, la veta de los negocios había quedado tallada en su vida a pesar de no haber explotado aún la madera de la cual estaba hecha.

Salió del banco corriendo. Tenía solo diez minutos para llegar a tiempo a buscar a los niños al colegio. Lo único que esperaba era que no hubiese mucho tráfico. Temía enfrentar la cara de desaprobación de sus hijos por hacerlos esperar. «¡Pobres!, ¡y con el calor que hace!», pensaba mientras los imaginaba en el patio de entrada donde debían aguardar la llegada de sus apoderados.

Waze le indicaba que llegaría catorce minutos tarde. Buscando un atajo que le permitiera saltarse la espera del semáforo, se metió en el *stripe center* esquivando los autos que con toda la parsimonia del mundo se preocupaban por quedar bien estacionados. Dos minutos había recuperado con su maniobra.

Se disponía a bajar los otros dos minutos de atraso cuando algo le hizo parar en seco, como quien se detiene en la autopista colocando el freno de emergencia.

– No puedo creerlo —repetía una y otra vez.

Su corazón latía hasta por las sienes, miles de ideas afloraban en su cabeza, oía la fuerza de su respiración.

—¡Mi florería! —gritó María Eugenia.

Un gran cartel de letras rojas se veía a la entrada de uno de los locales: «SE ARRIENDA».

CAPÍTULO 22: Y LLEGÓ EL DÍA

Había corrido todo el día, solo unos minutos tenía antes de que llegaran los invitados. Comenzó a morderse el labio como usualmente hacía cuando debía enfrentar una situación desafiante. Parada frente a la entrada de la florería comenzó a inspeccionar, con mirada de águila, su local. Todo su tiempo, energía e ilusión de los últimos meses estaban invertidas en ese espacio de seis por tres metros cuadrados. No podía ni quería permitirse una falla.

Estaba feliz con la cortina de flores silvestres que adornaba de lado a lado la pared de la izquierda. Al principio, dudó en ponerla pensando que se verían poco elegantes unas amarras que las sujetaran, pero los imperceptibles alambrados color cobre a pocos centímetros del techo que las sostenían casi las hacían flotar.

Pero las estrellas del lugar eran los llamativos arreglos florales desplegados a lo largo del local sobre pedestales de madera. María Eugenia repasaba la perspectiva de los pequeños troncos que, con sus vetas naturales, traían el toque rústico de la madera nativa, esa que había dado origen a los negocios de su familia en Chile. Sintió el apoyo de muchas personas en ese momento.

Sobre los pedestales, maceteros de cristal cobijaban diez ramos de flores: margaritas, rosas, lirios, calas, hortensias, claveles, lavandas, gladiolos, astromelias y, por supuesto, tulipanes. Los olores y colores de cada una de ellas hacían del lugar un festín para los sentidos. Esa era su idea, convertir ese pequeño universo floral en un oasis urbano. Y creía que lo había logrado.

En el centro, el gran mesón de madera se lucía con dos orquídeas blancas que rodeaban los pequeños arreglos de cactus. Le gustaba el contraste de la elegancia y fragilidad que proyectaban las orquídeas con el espíritu de supervivencia de los cactus.

Los mosaicos de las baldosas del piso, de tonos rojos, marrones y verdes que formaban flores entre sí, acentuaban el carácter del lugar.

Sobre la banca a la derecha había tres bonsáis que María Eugenia acercó para que sus maceteros dieran la impresión que se abrazaban, como le gustaría que siempre estuvieran sus hijos, aunque en el cotidiano no fuese así.

Parecía que estaba todo listo. Respiró.

«Flor y Ser» era tal y cual como lo había soñado. No podía estar más feliz.

María Eugenia era de mente inquieta, como le decía su abuela. Siempre inventando cosas que hacer, nuevos juegos, nuevas reglas a los juegos que también aprovechaba de cambiar a su conveniencia.

Criada entre adultos, no tuvo más opción que entretenerse con su creatividad. Por eso, desde niña aprendió a dar rienda suelta a la imaginación creando hermosos mundos y aventuras donde, indiscutiblemente, ella era el personaje principal, el más querido... En fin, la heroína del cuento.

El reciclaje de juguetes partió, sin duda, en su casa. Planeaba fiestas de cumpleaños donde invitaba a todas sus muñecas y hacía piñatas con cajas de frutas que pasaba tardes decorando con papeles de colores. Adentro colocaba todo lo que encontraba. Un chichón le hizo aprender que en las piñatas solo se echan cosas pequeñas y blandas.

De todo creaba una historia. De cada paseo, cada ida al colegio, cada conversación con su mamá. No era poco usual que se pillara conversando consigo misma, contándose lo acontecido horas antes, por supuesto, agregando detalles y algunos eventos más exagerados de lo realmente ocurrido, mientras se peinaba en el espejo.

Su capacidad de crear cosas nuevas tuvo de gran aliado el colegio. La posibilidad de involucrarse en múltiples actividades desde campeonatos deportivos, eventos literarios hasta modelaje de ropa. Claro que ella siempre estuvo detrás del telón. Su misión, crear y organizar; los rostros de esos eventos eran otros. La vergüenza que le daba figurar a sus quince años y su metro setenta y dos de delgadez le hacía potenciar a las estrellas del colegio que gozaban dando a conocer sus talentos en todas aquellas actividades.

El único problema era que no le gustaba repetir la misma actividad dos veces. Una vez lograda la cima, se enfocaba en conquistar otra nueva montaña. Todos quedaban encantados y con ganas de repetir los campeonatos y desfiles una y otra vez, pero ella, feliz les decía que ahora ya sabían cómo hacerlo, así que no la necesitaban para la siguiente ocasión. Por supuesto que, sin su empuje, no había una siguiente vez, aunque sí había nuevas actividades que María Eugenia comenzaba a explorar, logrando convocar a muchas personas que se sumaban a su causa.

En la universidad era habitual que sus compañeros recurrieran a ella buscando propuestas novedosas para los proyectos o soluciones para los trabajos de curso. Algunos le decían que regalaba sus conocimientos, pero ella era feliz compartiendo sus ideas con otros. Crear era su pase a la libertad.

El poco tiempo que pudo ejercer su profesión aplicó al máximo los conocimientos adquiridos en la universidad. Destacó por ser la «busquilla» del grupo. Esa que siempre estaba atenta de las tendencias de otros países para así aplicarlas. Nadie se lo pedía, simplemente le gustaba.

La fuente inagotable de ideas no se extinguió, pero María Eugenia aprendió a ocultarlas. Guardaba con recelo, en el último cajón del inconsciente, cada idea que se le ocurría, cualquier sugerencia, incluso sus anhelos.

«¡Estás loca!», «¿Cómo se te ocurre?» y los cientos de negativas que escuchó de su exmarido terminaron por inhibir su deseo de soñar. Tomás y su gran capacidad para castrar todo cuanto le rodeaba, incluso aquello intangible, pero tanto más valioso que lo material.

Se miró por última vez en el espejo de la entrada de la florería, ese que la diseñadora le había sugerido colocar para dar una sensación de mayor amplitud. Le gustó la María Eugenia que se veía reflejada.

Vio llegar al estacionamiento el auto de sus suegros. No podía, aunque lo intentaba, pasarlos a la categoría de ex. Con ellos, venía Cecy. Tal como se lo había prometido Beatriz, Cecy la acompañaría ese día aunque tuviera que llevarla a rastras.

Las mariposas de su estómago comenzaron a despertar, a juzgar por lo que sentía. Tenía una guerra de dragones en su interior. Pero la certeza de que estaba tomando el camino correcto no la abandonaba.

Divisó a la tía Monserrat dándoles indicaciones a su marido y a los primos. Parecía como si los quisiera traer a todos en filita.

La emoción quiso aparecer como una lágrima que atentaba contra su maquillaje y que pronto detuvo.

Lucía llegó al estacionamiento con su esposo, saludando con efusividad y haciendo señas de que en pocos segundos estaría con ella.

Tomó un ramo de tulipanes. No había mejor símbolo de este sueño concretizado que regalar su flor favorita a cada uno de los invitados cuando cruzaran las puertas de su negocio.

Haciendo caso omiso a lo que su abuela les decía, tres niños bajaron del auto corriendo al encuentro de María Eugenia. La alegría de Amalia, Alejandro y Miguel Ángel no tardó en inundar el local.

María Eugenia no podía dejar de enorgullecerse. Todo lo que había a su alrededor lo había construido haciendo frente a las más duras pruebas que pensó enfrentar. Estaba en el centro de este nuevo mundo que había creado para ella y sus hijos. Y lo había logrado sacando fuerzas que ni ella misma sabía que tenía. Emprender le había devuelto la capacidad de soñar. Ya nadie cortaría sus alas.

Había llegado el momento de la inauguración del primer local de Flor y Ser.

Un Libro Solidario

G racias dobles.

En primer lugar te doy las gracias por compartir tu tiempo conmigo. Ha sido un placer acompañarte durante la lectura.

Pero mi mayor agradecimiento es por la contribución que acabas de hacer. Ya que todas las ganancias generadas por la venta de este libro serán donadas a mujeres que decidan reinventarse y entregar mejores oportunidades de vida a sus familias, a través de la creación de sus propias empresas.

Así es, al comprar este libro ya estas ayudando a miles de Madres Emprendedoras. A través de la plataforma www.madresemprendedoras.net apoyaremos a mujeres para que puedan formalizar sus negocios, hacerlos crecer y generar ganancias que les permitan vivir de sus empresas.

Si conoces a alguna mujer que necesite de un empujoncito para sacar su emprendimiento adelante, invítala a que ¡Saque a la María Eugenia que lleva dentro! y nos cuente cómo podemos ayudarla en contacto@madresemprendedoras.net

Sólo pedirte un último favor. Para que este libro llegue a más personas, quisiera que lo valores con tu opinión sincera en la plataforma en la que lo hayas comprado. Cada comentario es un regalo de visibilidad a este Libro Solidario, que pretende seguir ayudando a mujeres a reinventarse con sus emprendimientos.

#TodoSuma

Acerca de la Autora

Vanessa Jiménez Sánchez
Nació en La Habana, Cuba. A sus 17 años migra con su familia a Chile, país donde reside, junto a su esposo y dos hijos, Andrés y Paula.

Se titula en Psicología, carrera que ejerce algunos años, hasta que descubre su pasión por los emprendimientos. En el año 2007 funda su empresa familiar www.virtualbusiness.cl, que a la fecha ha ayudado a más de 5000 emprendedores y emprendedoras a formalizar sus negocios.

Paralelo al aprendizaje que le da la experiencia como empresaria, se gradúa de Magister en Dirección en Innovación Empresarial y cursa también un Máster en Educación.

En el año 2017 crea www.madresemprendedoras.net, plataforma para ayudar a las mujeres a compatibilizar la crianza con sus negocios, al considerar que la maternidad es el más desafiante y hermoso de los emprendimientos.

La autora decide donar los beneficios de este libro para ayudar a mujeres que quieren dar las mejores oportunidades de vida a sus familias, reconociendo que "el emprendimiento y la educación son las dos maneras de crear movilidad social". —Alejandra Mustakis.

www.madresemprendedoras.net
Instagram: @madresyemprendedoras
Facebook: @MadresyEmprendedoras
Linkedin: linkedin.com/in/vanessajimenes